이 책...

KB179694

영어를 처음 배우는 학습자가

'알파벳과 기본 발음기호'를

익히기 위한 책입니다.

또한 q를 p로 쓰거나,

j/s의 방향을 다르게 쓰는 경우가 많은데,

점선을 따라 쓰며

정확하게 쓰는 법을 배웁니다.

알파벳 이름 원어민 발음 듣기

rb.gy/3l691v

차례

이 책을 익히는 법

알파벳을 **한 번 쓸 때마다**
알파벳의 이름이나
알파벳의 발음기호를 **말하세요.**

예시

A를 한 번 쓸 때마다
'에이'를 말하거나, (알파벳의 이름)
'아'를 말한다. (알파벳의 발음기호)

 **각각의 정확한 발음은**
QR코드를 참고하세요.

휴대폰으로 QR코드를 촬영하려고 하면 접속할 수 있습니다.

rb.gy/j0d54o

초등영어 끝내기 순서

알파벳을 모르는 수준

아빠표 영어 세트 (= 아빠표 영어 구구단 시리즈)

한국어를 배울 때 '글'이 아니라 '말'부터 배우는 것처럼, 영어도 '말'부터 배워야 한다. 다만, 모국어가 확립된 5세 부터는 많은 노출(영어 상호작용)이 아니고는 바로 영어로 받아들이기 어렵다.

그래서 **'한국어와 영어의 차이'를 문장의 패턴을 통해 자연스럽게 익힐 수** 있게 했다. 가르치는 법 강의 제공, 세이펜/휴대폰(QR코드)/컴퓨터로 원어민의 소리를 확인할 수 있다. 154,000원(12권, 카드 100장)

초등 2학년이 1년쯤 집에서 아빠표 영어를 익히고, 근처 어학원에서 테스트를 했어요. 어디서 배웠길래 레벨이 중학생 수준이냐고 하시더라고요. - 010 6636 ＊＊＊＊
아이에게 해줄 설명까지 위에 나와있어 엄마가 뛰어난 실력을 갖고 있지 않아도 그대로 따라하면 유아파닉스 홈스쿨링 가능합니다.
- lalla＊＊

알파벳 순서 점선 따라쓰기 572

아빠표 영어 구구단을 적어도 5단~9단까지 익힌 뒤 **'알파벳의 이름'과 '알파벳이 가진 대표 소리(발음기호)'를** 따라쓰고 말하며 익힌다.

26자 알파벳(대소문자)을 각 11회씩, 총 572번을 쓰면서 알파벳의 쓰는 법, 이름과 소리를 익힌다. QR코드로 원어민 소리 확인 가능. 1,500원 (배송비 절약문고)

파닉스를 모르는 수준

아빠표 초등영어 파닉스

아빠표 영어에 쓰인 단어들을 통해 알파벳+파닉스(+발음기호)를 익힌다. **한글의 소리로 배우는 파닉스**. 11,400원 (아빠표 영어 세트에 포함)

초등영어 파닉스 119

'아빠표 초등영어 파닉스'의 하단 단어에서 뽑은 **알파벳 순서로 익히는 파닉스**. 각 단어마다 사진 수록, QR코드로 원어민의 소리 확인 가능. 1,500원

빈도순 초등영어 단어 112

교육부에서 선정한 800단어를 원어민이 더 많이 쓰는 것부터 112개를 배운다. 각 단어마다 사진 수록, QR코드로 원어민의 소리 확인 가능. 부록으로 빈도순 800단어 수록. 1,500원

다음 단계

아빠표 초등영어
교과서

2시간에 끝내는
한글영어 발음천사

8문장으로 끝내는
유럽여행 영어회화

단단 기초
영어공부 혼자하기

중학영어
독해비급

a b c d e f g
A B C D E F G
에이 비 씨 디 이 에프 쥐

h i j k l m n o p
H I J K L M N O P
에이취 아이 제이 케이 엘 엠 엔 오우 피

q r s t u v
Q R S T U V
큐 알 에스 티 유 브이

w x y and z
W X Y AND Z
더블유 엑스 와이 앤(ㄷ) 지

Now I know my A B C's
나우 아이 노우 마이 에이 비 씨즈

Next time won't you sing with me?
넥스트 타임 온(트) 츄 씽 윋(ㄸ) 미?

6

아보카도 영어 파닉스 송

2023년
4월부터 제공

a b c[k] d e f g
아 브 크 드 에 프 그

h i j[ʤ] k l m n o p
흐 이 쥐 크 르 므 느 오 프

q[ku] r s t u v
쿠 루 스 트 우 브

w x[ks] y[j] and z
우 윽스 이 앤(ㄷ) 즈

sh[ʃ] ch[ʧ] th[ð] th[θ] ph[f] er[ər] ng[ŋ]
쉬 취 드 뜨 프 얼 응

a bo ca do 영어 파닉 스
아 보 카 도 영어 파닉 스

이름 **에이** | 발음기호 $[a / 아]$

대문자

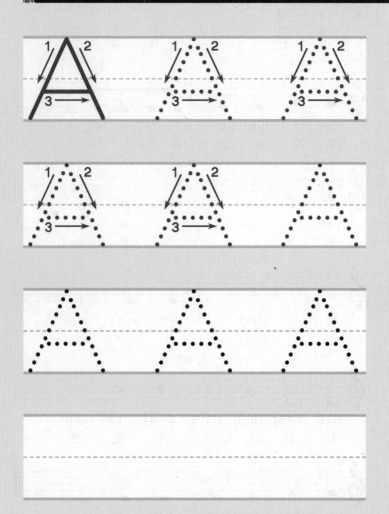

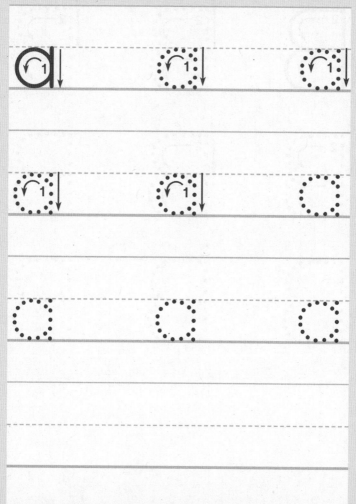

B

이름 **비** | 발음기호 [b / **브**]

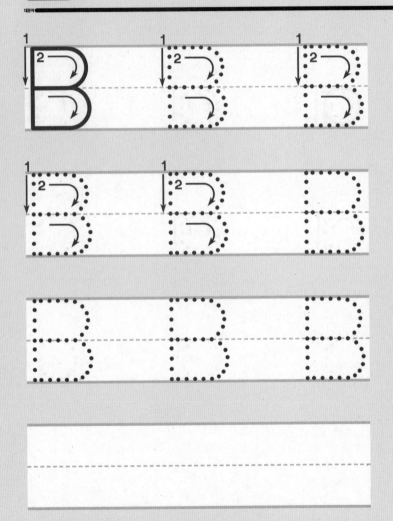

알파벳　　　　　발음기호

b

소문자

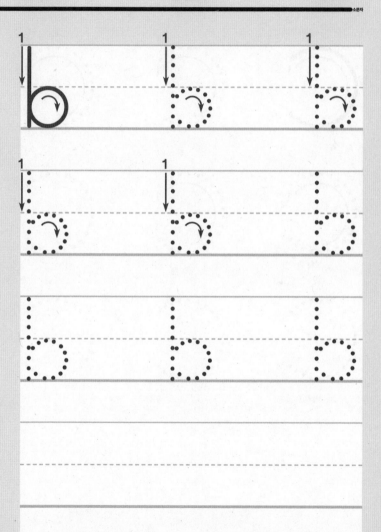

이름 **씨** | 발음기호 $[k / 크]$

대문자

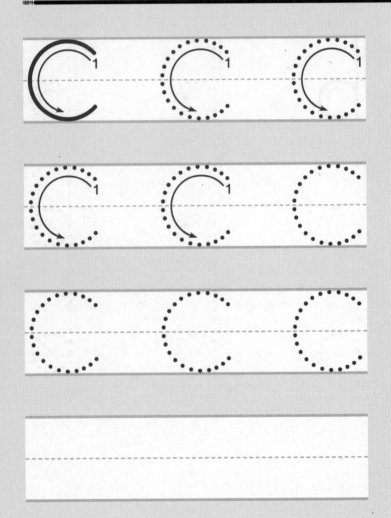

13

D

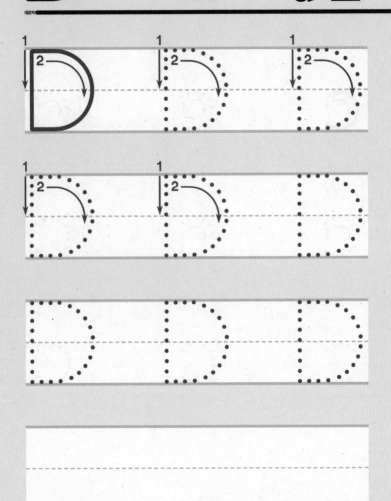

d

소문자

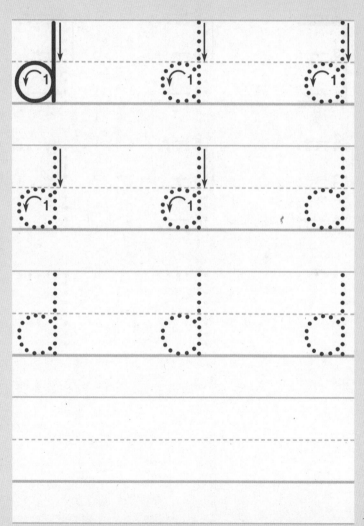

E

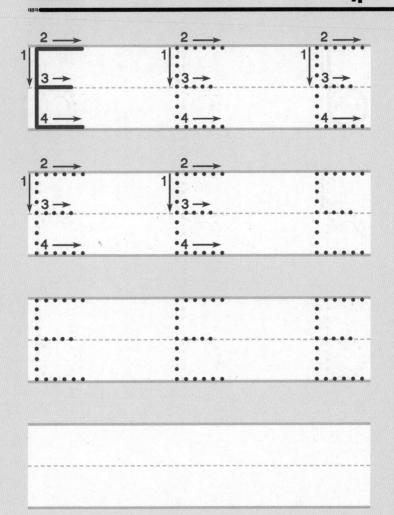

e
소문자

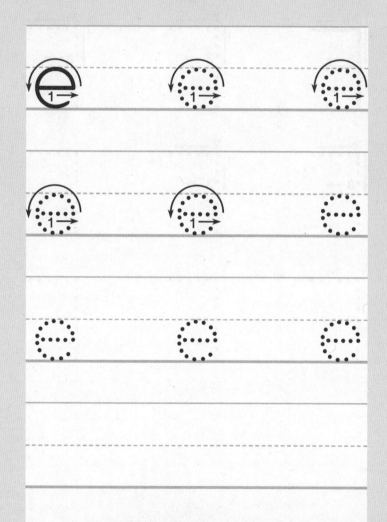

F

이름 **에프** | 발음기호 $[\mathbf{f}$ / **프** $]$

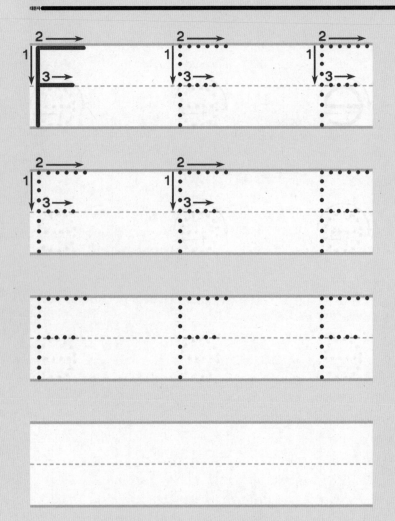

f

소문자

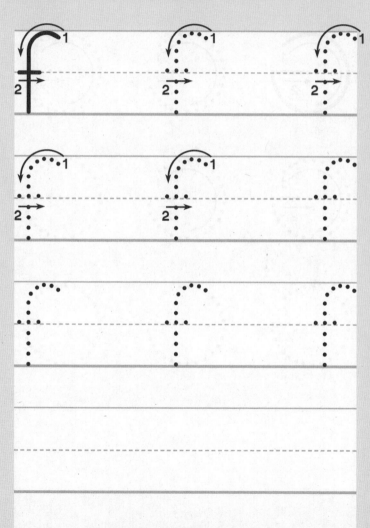

19

이름 **쥐** | 발음기호 $[g / 그]$

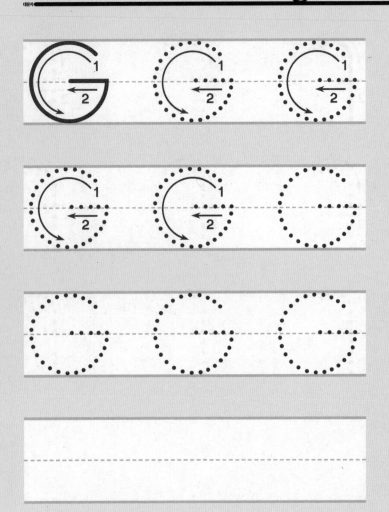

소문자

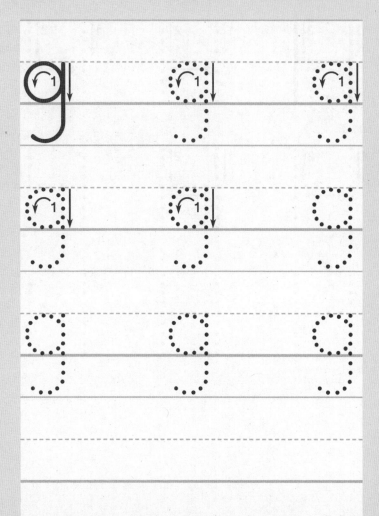

21

이름 **에이취** | 발음기호 $[\text{h} / \textbf{ㅎ}]$

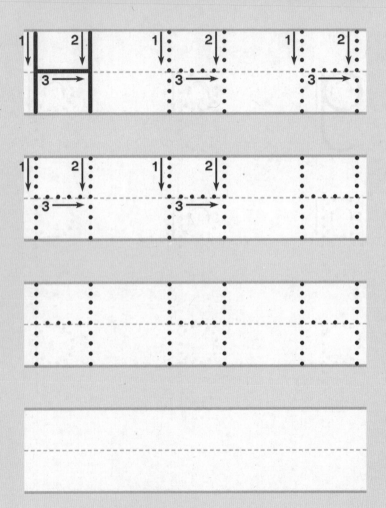

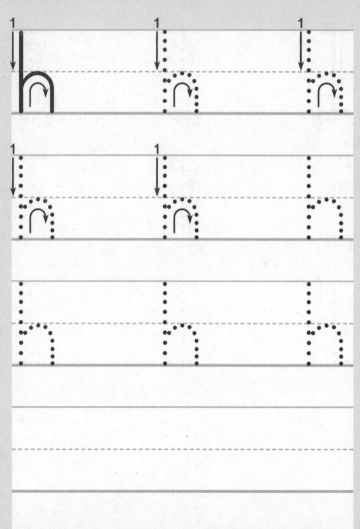

I

대문자

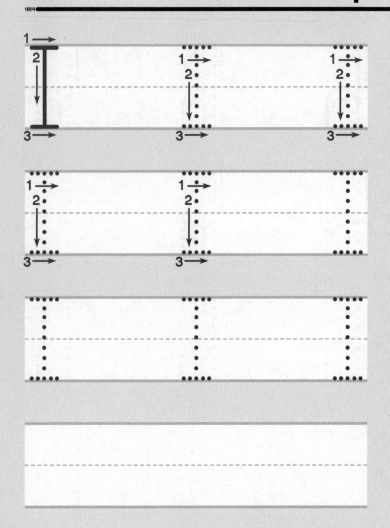

24

i

J

이름 **제이** | 발음기호 $[\text{j} / \text{이}]$

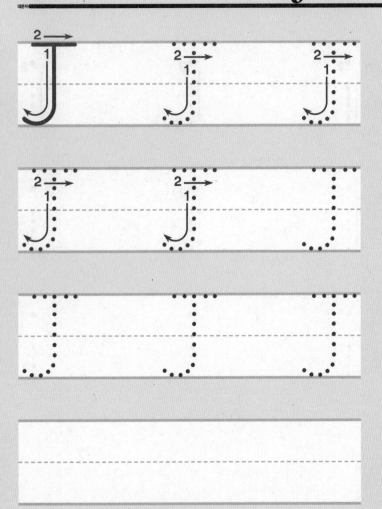

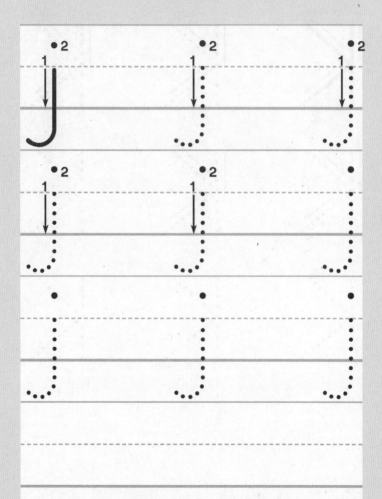

K

대문자

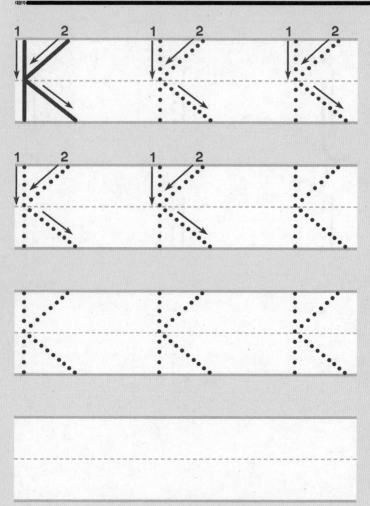

알파벳

발음기호

k

소문자

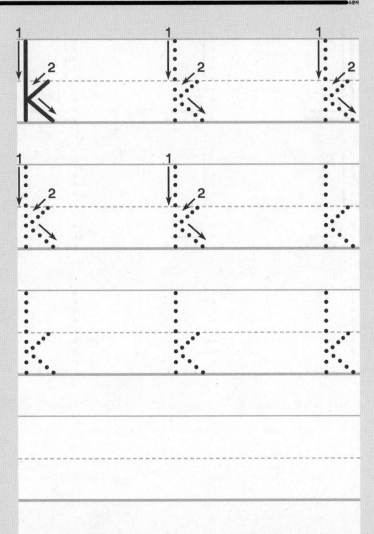

29

대문자

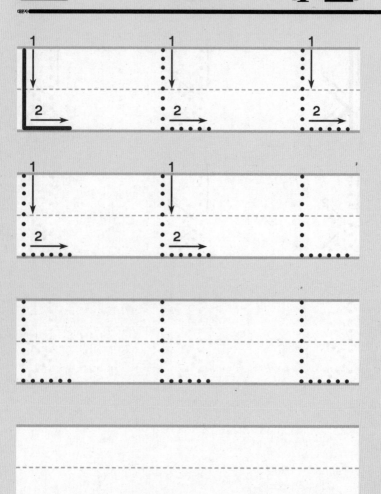

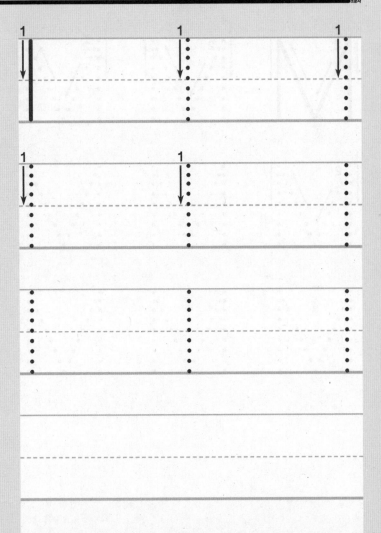

M

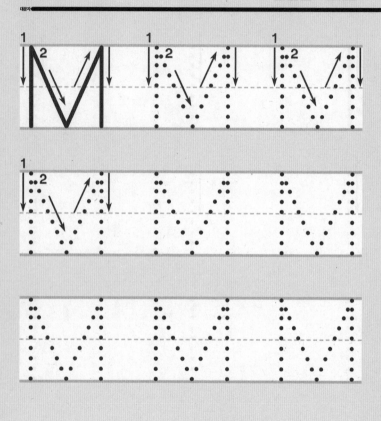

m

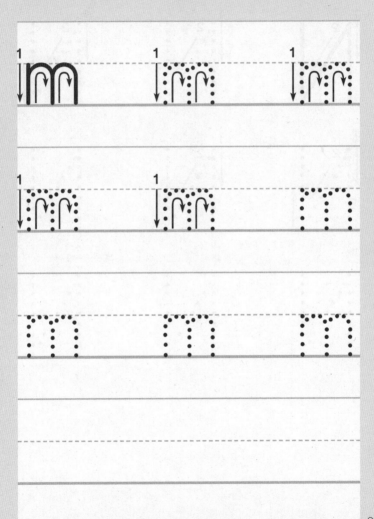

N

이름 **엔** | 발음기호 $[\mathbf{n} / \mathbf{\_}]$

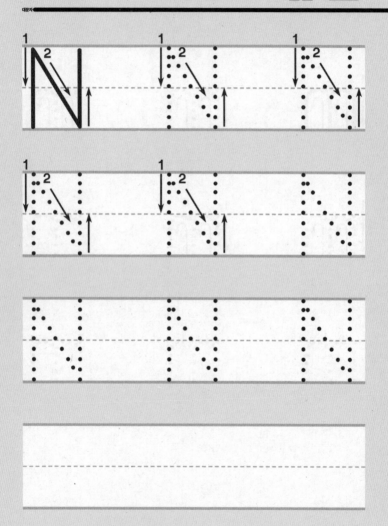

34

n

소문자

1

1

1

1

1

35

이름 **오우** | 발음기호 $[\mathbf{O} / \mathbf{오}]$

대문자

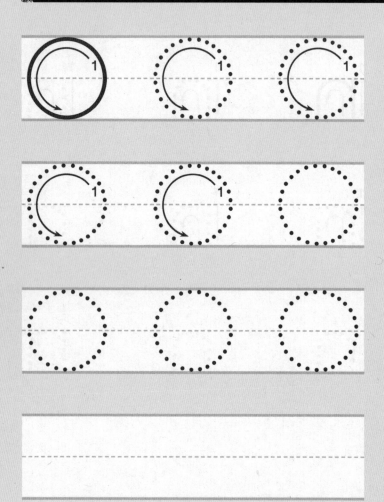

소문자

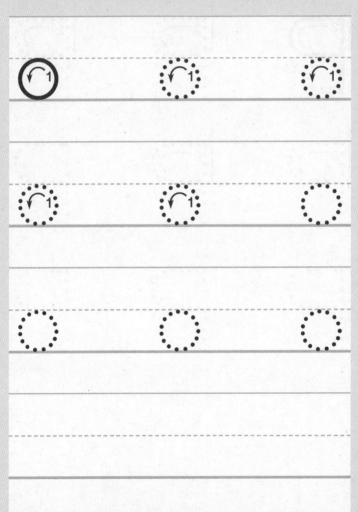

P

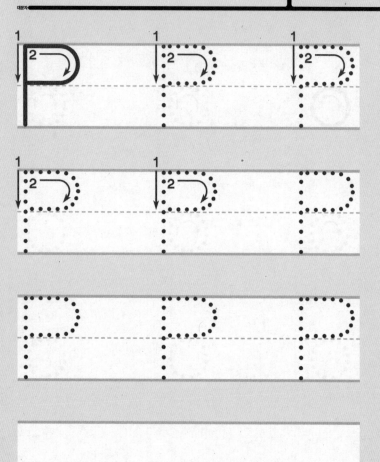

p

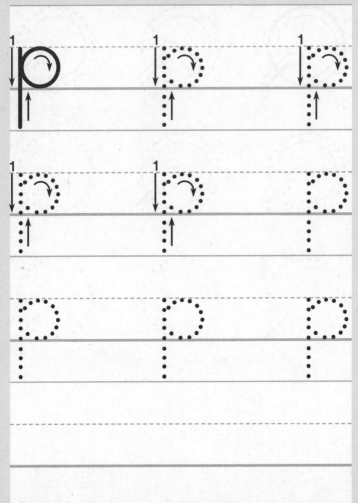

이름 **큐** | 발음기호 $[\textbf{k} / \textbf{크}]$

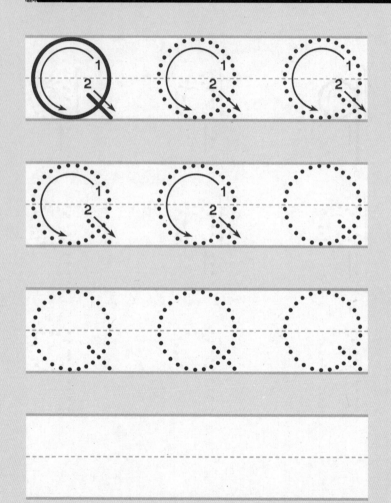

q

소문자

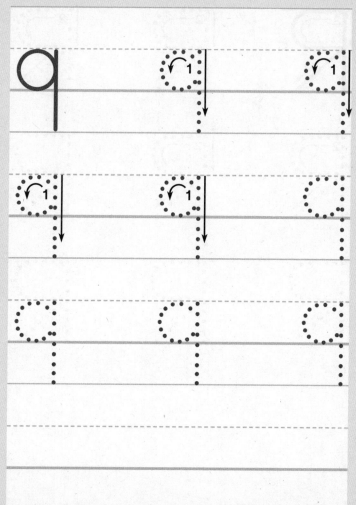

R

대문자

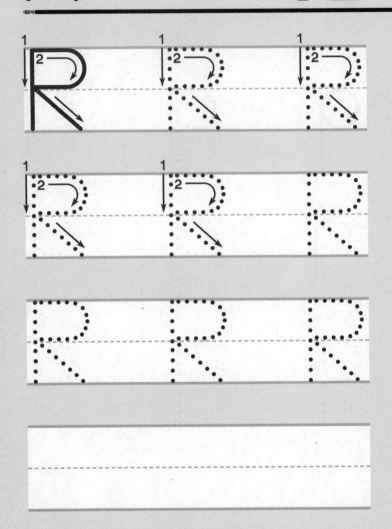

43

S

이름 **에쓰** | 발음기호 $[S / 스]$

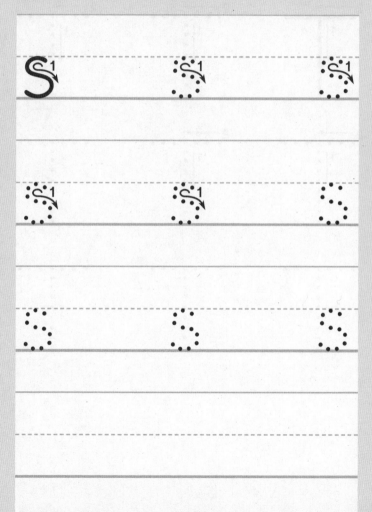

T

이름 **티** | 발음기호 $[\mathbf{t}$ / **트**$]$

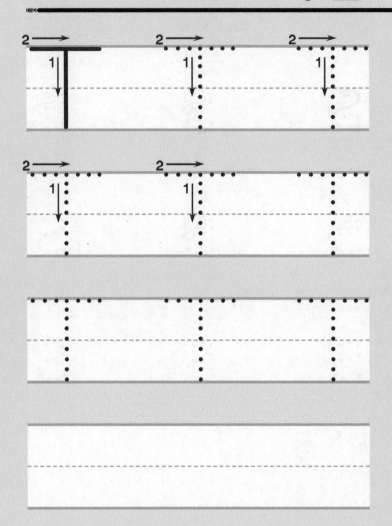

소문자

1 ↓
2 →

1 ↓
2 →

1 ↓
2 →

1 ↓
2 →

1 ↓
2 →

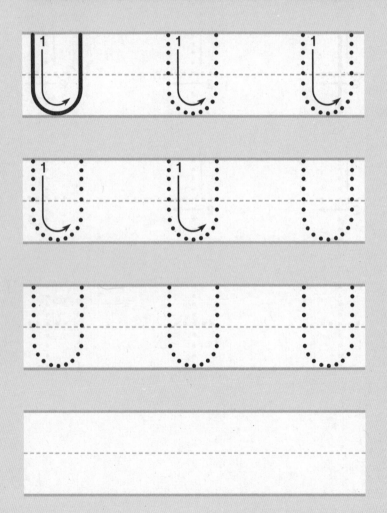

이름 **브이** | 발음기호 $[\text{V} / \underline{\textbf{브}}]$

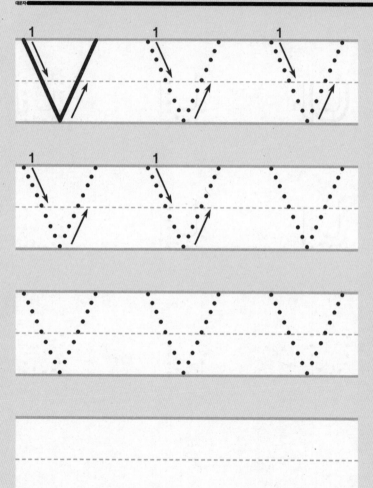

50

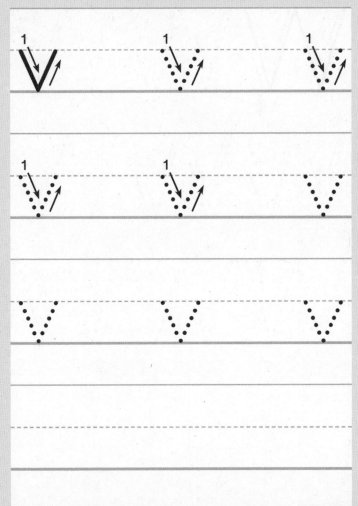

이름 **더블유** | 발음기호 $[\mathbf{W} / \text{우}]$

대문자

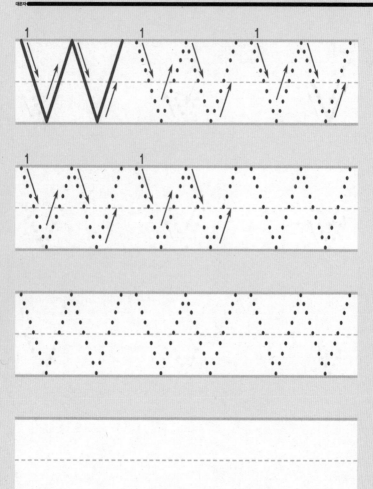

이름 **엑스** | 발음기호 $[\text{ks} / 욱스]$

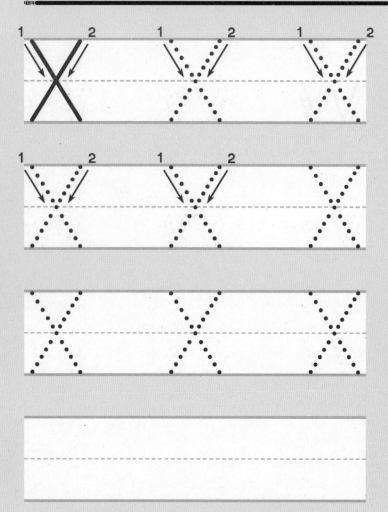

54

X

소문자

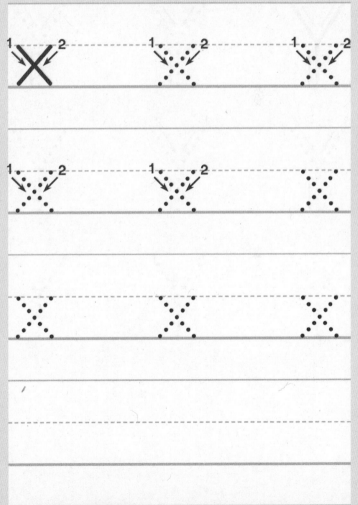

55

이름 **와이** | 발음기호 $[\, j \, / \,$ **이** $]$

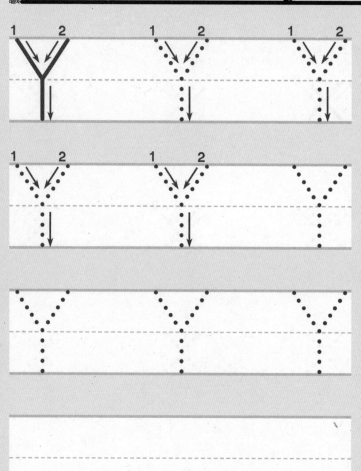

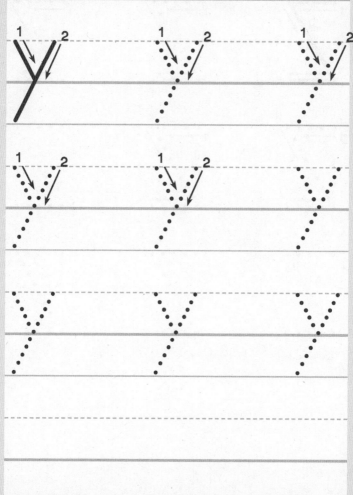

Z

대문자

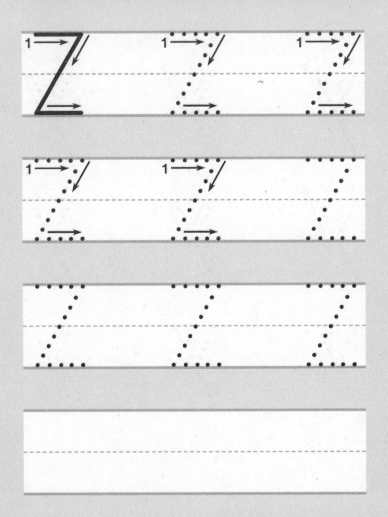

58

Z

소문자

1→ Z   1→ Z   1→ Z

1→ Z   1→ Z   Z

Z   Z   Z

A-Z 대문자 안 보고 쓰기

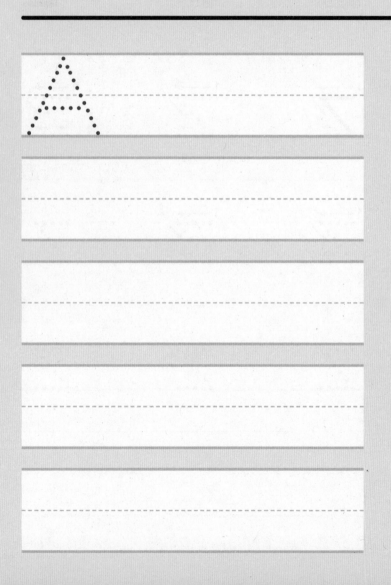

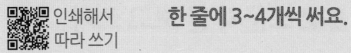

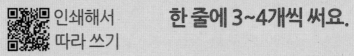

매일 영어명언

문법 주제별(매월 변경) 영어명언+해석/해설을
매일 무료로 드립니다.

독해 실력 향상 및 영어 감을 유지할 수 있습니다.

영어에 대해 궁금한 점은 실시간 질문/답변이 가능
합니다. 어서 들어오세요!

마이클리시 영어공부 단톡방 주소
bit.ly/4hk62hr

알파벳 순서 점선 따라쓰기 572

1판 1쇄 2023년 3월 14일 | **1판 3쇄** 2024년 11월 15일 | **지은이** Mike Hwang
발행처 Miklish | **전화** 010-4718-1329 | **홈페이지** miklish.com
e-mail iminia@naver.com | **ISBN** 979-11-87158-44-8